アルファベットの練習
大文字

Part 1

時間 15分　　月　　日

JN078032

❶ AからZまで文字を順になぞったあと、自分で2回書きましょう。

(1)　大文字 [**エイ**]

(2)　大文字 [**ビー**]

(3)　大文字 [**スィー**]

(4)　大文字 [**ディー**]

(5)　大文字 [**イー**]

(6)　大文字 [**エフ**]

(7)　大文字 [**ヂー**]

(8)　大文字 [**エイチ**]

(9)　大文字 [**アイ**]

(10)　大文字 [**ヂェイ**]

(11)　大文字 [**ケイ**]

(12)　大文字 [**エル**]

この本では、めやすとして英語の発音をよく似たカタカナで表しています。

(13) 大文字[**エム**]

M

(14) 大文字[**エン**]

N

(15) 大文字[**オウ**]

O

(16) 大文字[**ピー**]

P

(17) 大文字[**キュー**]

Q

(18) 大文字[**アー**]

R

(19) 大文字[**エス**]

S

(20) 大文字[**ティー**]

T

(21) 大文字[**ユー**]

U

(22) 大文字[**ヴィー**]

V

(23) 大文字[**ダブリュー**]

W

(24) 大文字[**エックス**]

X

(25) 大文字[**ワイ**]

Y

(26) 大文字[**ズィー**]

Z

アルファベットには大文字と小文字が
あり、26ずつあります。

アルファベットの書き順に決まりはありません。この書き順は１つの例です。

きほんのドリル ≫2.

アルファベットの練習 小文字

Part 2

❶ aからzまで文字を順になぞったあと、自分で2回書きましょう。

(1) 小文字[エイ]

(2) 小文字[ビー]

(3) 小文字[スィー]

(4) 小文字[ディー]

(5) 小文字[イー]

(6) 小文字[エフ]

(7) 小文字[ヂー]

(8) 小文字[エイチ]

(9) 小文字[アイ]

(10) 小文字[ヂェイ]

(11) 小文字[ケイ]

(12) 小文字[エル]

この本では、めやすとして英語の発音をよく似たカタカナで表しています。

(13)　小文字[エム]

(14)　小文字[エン]

(15)　小文字[オウ]

(16)　小文字[ピー]

(17)　小文字[キュー]

(18)　小文字[アー]

(19)　小文字[エス]

(20)　小文字[ティー]

(21)　小文字[ユー]

(22)　小文字[ヴィー]

(23)　小文字[ダブリュー]

(24)　小文字[エックス]

(25)　小文字[ワイ]

(26)　小文字[ズィー]

4本線の中にきれいに
書くように練習しよう。

アルファベットの書き順に決まりはありません。この書き順は１つの例です。

◎ 名前を表すことば

1 声に出しながら、文字をなぞって、1〜2回自分で書いてみましょう。

 (1) ブライアン[ブ**ライ**アン]

Brian

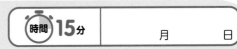
日本人の名前はローマ字で書くよ。

 (2) ダイチ[**ダ**イチ]

Daichi

 (3) サキ[**サ**キ]

Saki

 (4) ルーカス[**ルー**カス]

Lucas

caは【カ】と読みます。

 (5) アキナ[ア**キ**ナ]

Akina

 (6) オスカー[**ア**スカー]

Oscar

 (7) ガブリエル[**ゲイ**ブリエル]

Gabrielle

Gaは【ゲイ】と読むよ。

(8) ベイカー先生、ベイカーさん[**ミズ ベイカァ**]

Ms. Baker

(9) オオイシ先生、オオイシさん[**ミスタ オオイシ**]

Mr. Oishi

(10) ソフィア ジョーンズ[ソウ**フィア ジョ**ウンズ]

phiは【フィ】と読むよ。

Sophia Jones

山田太郎
John Smith
(11) 名字[**ファミリィ ネイム**]

family name

---

2 声に出して読んだあと、文をなぞりましょう。

How do you spell your name?
あなたはあなたの名前をどのようにつづりますか。
— A-K-I-N-A. Akina .
A-K-I-N-Aです。アキナです 。

> **ポイント**
> 相手の名前のつづりをたずねるときは、How「どのように」で文を始めます。

(1) あなたはあなたの名前をどのようにつづりますか。
[**ハウ ドゥ ユー** スペル **ユア ネイム**]

How do you spell your name?

(2) A-K-I-N-Aです。アキナです。[**エイ ケイ アイ エン エイ**][アキナ]

A-K-I-N-A. Akina.

教科書 8〜15ページ

Unit 1
Hello, friends!

◉ 教科を表すことば

1 声に出しながら、文字をなぞって、1〜2回自分で書いてみましょう。

 English と Japanese は いつも大文字で始めます。

(1) 英語[**イング**リッシ]
English

(2) 国語[**ヂャ**パニーズ]
Japanese

(3) 書写、書道[カ**リ**グラフィ]
calligraphy

(4) 社会[**ソ**ウシャル ス**タ**ディズ]
social studies

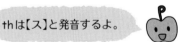 thは【ス】と発音するよ。

(5) 算数[**マ**ス]
math

(6) 理科[**サ**イエンス]
science

(7) 音楽[**ミュー**ズィック]
music

教科書 📖 8〜15ページ

⑻ 体育［ピーイー］

P.E.

⑼ 図工［**アーツ アンド クラフツ**］

arts and crafts

⑽ 家庭科［**ホウム イーコナ（ー）ミックス**］

【ホーム】ではなく【ホウム】と発音するよ。

home economics

2 声に出して読んだあと、文をなぞりましょう。

What subject do you like?
あなたは何の教科が好きですか。
— I like | P.E. |
わたしは |体育| が好きです。

ポイント
好きな教科をたずねるときは、What subject do you like? と言います。〈I like＋教科名.〉で答えましょう。

⑴ あなたは何の教科が好きですか。
　［(フ)**ワット サブヂェクト ドゥ ユー ライク**］

What subject do you like?

⑵ わたしは体育が好きです。［**アイ ライク ピーイー**］

I like P.E.

きほんの ドリル ➔ 5

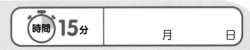
◎ 食べ物を表すことば

1 声に出しながら、文字をなぞって、1〜2回自分で書いてみましょう。

(1)　ご飯［**ラ**イス］

rice

(2)　パン［ブ**レ**ッド］

bread

(3)　焼き魚［グ**リ**ルド　**フ**ィッシ］

grilled fish

(4)　サンドイッチ［**サ**ン（ド）ウィッチ］

sandwich

(5)　オムレツ［**ア**（ー）ムレット］

omelet

(6)　ソーセージ［**ソ**（ー）セッヂ］

sausage

(7)　パイ［**パ**イ］

pie

教科書 📖 8〜15ページ

(8) スープ [**スープ**]

soup

(9) おにぎり [**ライス ボール**]

rice ball

(10) フライドポテト [**フレンチ フライズ**]

Frenchはいつも大文字で書き始めます。

French fries

(11) スパゲッティ [**スパゲティ**]

hは読まないよ。

spaghetti

② 声に出して読んだあと、文をなぞりましょう。

Do you like spaghetti **?**
あなたは スパゲッティ が好きですか。
—Yes, I do. / No, I don't.
　はい、好きです。 / いいえ、好きではありません。

> **ポイント**
> Do you like 〜?で「〜が好きですか」と相手にたずねることができます。答えるときはYesまたはNoを使って答えます。

(1) あなたはスパゲッティが好きですか。[**ドゥ ユー ライク スパゲティ**]

Do you like spaghetti?

(2) はい、好きです。 / いいえ、好きではありません。
　　[**イェス アイ ドゥ / ノウ アイ ドゥント**]

Yes, I do.　No, I don't.

教科書 8〜15ページ

Unit 1
Hello, friends!

1 次の人物の名前はどのようにつづりますか。それぞれの名前を完成させましょう。

1問5点（20点）

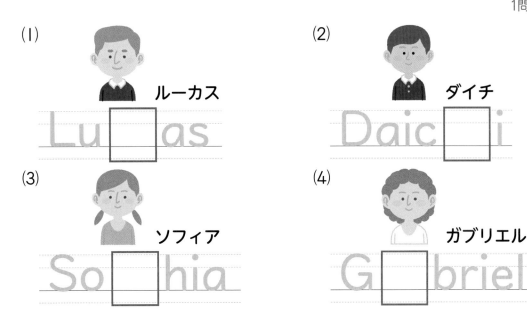

(1) ルーカス　Lu□as

(2) ダイチ　Daic□i

(3) ソフィア　So□hia

(4) ガブリエル　G□brielle

2 3人の人物が次の質問に答えています。それぞれの答えを表す英語を右のア〜オ から選び、記号で答えましょう。

1問10点（30点）

〈質問〉What subject do you like?

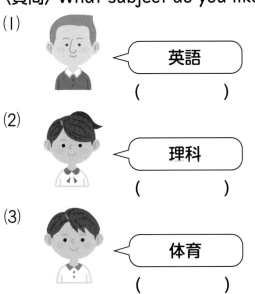

(1) 英語　（　　　　）

(2) 理科　（　　　　）

(3) 体育　（　　　　）

ア	Japanese
イ	P.E.
ウ	English
エ	music
オ	science

↓うらのページにつづくよ！

教科書 📖 8〜15ページ

3 日本語の意味に合うように、文を完成させましょう。英語は□□□の中から選んで書きましょう。複数回使う語もあります。文のはじめの文字は大文字で書きましょう。

1問完答10点（30点）

(1) あなたは算数が好きですか。

_____ you like _____ ?

(2) （(1)に答えて）はい、好きです。

_____ , I _____ .

(3) （(1)に答えて）いいえ、好きではありません。

_____ , I _____ .

math	do	yes	no	don't

4 □□□の中に書いてあるのは、ブライアンが好きな食べ物です。それぞれを英語にしたとき、eをふくまないものが2つあります。その食べ物を—————に英語で書きましょう。

1つ10点（20点）

ご飯	パン	ソーセージ
パイ	スープ	サンドイッチ

ブライアン

_____   _____

教科書 📖 8〜15ページ

Unit 2
Happy birthday!

Part 1

時間 15分　　　月　　　日

◎ 月を表すことば

1 声に出しながら、文字をなぞって、1～2回自分で書いてみましょう。

月の単語は大文字で始めるよ。

(1) 1月[ヂャニュエリィ]

January

(2) 2月[フェビュエリィ]

February

(3) 3月[マーチ]

March

(4) 4月[エイプリル]

【エ】を強く読むよ。

April

(5) 5月[メイ]

May

(6) 6月[ヂューン]

June

(7) 7月[ヂュライ]

【ラ】を強く読みます。

July

(8) 8月[オーガスト]

Auは【オー】と読むよ。

August

(9) 9月[セプテンバァ]

mの前のte【テ】を強く読むよ。

September

(10) 10月[ア(ー)クトウバァ]

October

(11) 11月[ノウヴェンバァ]

mの前のve【ヴェ】を強く読みます。

November

(12) 12月[ディセンバァ]

December

2 声に出して読んだあと、文をなぞりましょう。

When is your birthday?
あなたの誕生日はいつですか。
— **My birthday is** May **5th.**
わたしの誕生日は 5月 5日です。

ポイント
When is ～?は「～はいつですか」という意味を表します。「～日」の部分は「～番目」という意味の単語で表します。

(1) あなたの誕生日はいつですか。[(フ)ウェン イズ ユア バースデイ]

When is your birthday?

(2) わたしの誕生日は5月5日です。
[マイ バースデイ イズ メイ フィフス]

My birthday is May 5th.

教科書 18～25ページ

Unit 2
Happy birthday!

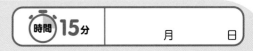

Part 2

時間 15分　　月　　日

◉ 日付・行事を表すことば

1 声に出しながら、文字をなぞって、1〜2回自分で書いてみましょう。

(1)　1日 [**ファースト**]

first

(2)　2日 [**セカンド**]

second

> se【セ】を強く読むよ。

(3)　3日 [**サード**]

third

> thirは【サー】と読むよ。

(4)　4日 [**フォース**]

fourth

(5)　5日 [**フィフス**]

fifth

(6)　6日 [**スィックスス**]

sixth

(7)　7日 [**セヴンス**]

seventh

教科書 18〜25ページ

(8) 8日［エイトゥス］

eighth

(9) 9日［ナインス］

ninth

(10) 10日［テンス］

tenth

(11) 元日［ヌー イアズ デイ］

New Year's Day

(12) こどもの日［チルドゥレンズ デイ］

Children's Day

2 声に出して読んだあと、文をなぞりましょう。

My birthday is January ［1st］.
わたしの誕生日は1月［1日］です。
— It's ［New Year's Day］.
［元日］ですね。

ポイント
日付を言うときは、月→日の順に言います。行事名は大文字で始まるものが多いです。

(1) わたしの誕生日は1月1日です。
　　［マイ バースデイ イズ ヂャニュエリィ ファースト］

My birthday is January 1st.

(2) 元日ですね。［イッツ ヌー イアズ デイ］

It's New Year's Day.

教科書 18〜25ページ

きほんのドリル → 9。

◉ 身の回りのものを表すことば

1 声に出しながら、文字をなぞって、１〜２回自分で書いてみましょう。

(1) Ｔシャツ［**ティーシャート**］

T-shirt

(2) 靴［**シューズ**］

片足のときはshoeと言います。

shoes

(3) 自転車［**バイク**］

bicycle【バイスィクル】とも言うよ。

bike

(4) （ふちのある）ぼうし［**ハット**］

ふちのないぼうしはcap【キャップ】と言うよ。

hat

(5) チケット［**ティケット**］

ticket

(6) ステッカー［**スティッカァ**］

sticker

(7) プレゼント［**プレズント**］

present

教科書 📖 18〜25ページ

(8) ラケット[**ラ**ケット]

racket

(9) タブレット[**タ**ブレット]

tablet

(10) マンガ本[**カ**(一)ミック ブック]

comic book

(11) 辞書[**ディ**クショネリィ]

tioは【ショ】と読みます。

dictionary

2 声に出して読んだあと、文をなぞりましょう。

What do you want for your birthday?
あなたはあなたの誕生日に何がほしいですか。
— I want new shoes .
わたしは 新しい靴 がほしいです。

ポイント
「何」とたずねるときは
Whatで文を始めます。
I want 〜.で「わたしは
〜がほしいです」という
意味です。

(1) あなたはあなたの誕生日に何がほしいですか。
[(フ)**ワット** ドゥ **ユー** ワ(一)ント **フォー ユ**ア バースデイ]

What do you want for

your birthday?

(2) わたしは新しい靴がほしいです。[**アイ ワ**(一)ント **ヌー** シューズ]

I want new shoes.

まとめの ドリル 10

時間 15分 ／ 合格 80点 ／100

月 日

サクッと こたえ あわせ 答え 75ページ

Unit 2
Happy birthday!

1 3人の人物が自分の誕生日を言っています。1年のうちで誕生日が早い人から順番に＿＿＿＿に名前を書きましょう。ただし、名前のはじめの文字は大文字で書きましょう。　　　　(完答20点)

My birthday is December third.

My birthday is July ninth.

My birthday is April twelfth.

Lucas

Sakura

Risa

誕生日が早い順番

＿＿＿＿＿ ⇨ ＿＿＿＿＿ ⇨ ＿＿＿＿＿

2 ＿＿＿の中に、身の回りのものを表す英単語が3つかくれています。それらを見つけて、＿＿＿＿にそれぞれ書きましょう。　　1つ10点(30点)

| second | shoes | March | tablet |
| ticket | June | fifth | |

＿＿＿＿＿　＿＿＿＿＿　＿＿＿＿＿

教科書 18〜25ページ

うらのページにつづくよ！

3 日本語の意味に合うように、文を完成させましょう。英語は□□の中から選んで書きましょう。文のはじめの文字は大文字で書きましょう。

1問完答10点（30点）

(1) わたしの誕生日は5月5日です。

_____ birthday is May _____ .

(2) わたしは新しい自転車がほしいです。

_____ want a new _____ .

(3) 元日ですね。

_____ New Year's _____ .

| it's | my | I | Day | fifth | bike |

4 次の人物の質問に対する答えの文を□□の中から選んで、記号で答えましょう。ただし、答えの文はひとつ余ります。

1問10点（20点）

(1)

When is your birthday?

(   )

(2)

What do you want for your birthday?

(   )

ア	I want a new T-shirt.
イ	I like math.
ウ	My birthday is October first.

教科書 18〜25ページ

Unit 3
Can you play dodgeball?

Part 1

◉ 楽器を表すことば

1 声に出しながら、文字をなぞって、1〜2回自分で書いてみましょう。

 (1) リコーダー［リコーダァ］

recorder

 (2) ハーモニカ［ハーマ（ー）ニカ］

harmonica

(3) ピアノ［ピアノウ］

 a［ア］の部分を強く読むよ。

piano

(4) ギター［ギター］

guitar

(5) バイオリン［ヴァイオリン］

 li［リ］の部分を強く読むよ。

violin

(6) たいこ［ドゥラム］

drum

(7) トライアングル［トゥライアングル］

triangle

(8) 木琴[**ザイラフォウン**]
_{もっきん}

xylophone

(9) 鍵盤ハーモニカ[**キーボード ハーマ(ー)ニカ**]
_{けんばん}

keyboardとharmonica の間は一文字分あけます。

keyboard harmonica

2 声に出して読んだあと、文をなぞりましょう。

Can you play the | piano | **?**

あなたは| ピアノ |をひくことができますか。

—Yes, I can. / No, I can't.

　はい、できます。 / いいえ、できません。

ポイント

相手にできるかどうかをたずねるときはcan「〜できる」を使ってCan you 〜?と言います。できるときはYes, I can.、できないときはNo, I can't.と答えます。

(1) あなたはピアノをひくことができますか。
　　[**キャン ユー プレイ ザ ピアノウ**]

Can you play the piano?

(2) はい、できます。/ いいえ、できません。
　　[**イェス アイ キャン** / **ノウ アイ キャント**]

Yes, I can.　No, I can't.

Unit 3
Can you play dodgeball?

Part 2

◎ スポーツを表すことば

❶ 声に出しながら、文字をなぞって、1〜2回自分で書いてみましょう。

(1)　野球［ベイスボール］

baseball

(2)　ソフトボール［ソ（ー）フトボール］

softball

(3)　バスケットボール［バスケットボール］

ba［バ］の部分を強く読むよ。

basketball

(4)　バレーボール［ヴァ（ー）リボール］

vo は【ヴァ（ー）】と読むよ。

volleyball

(5)　ドッジボール［ダ（ー）ッヂボール］

dodgeball

(6)　サッカー［サ（ー）カァ］

soccer

(7)　テニス［テニス］

tennis

23

教科書 28〜35ページ

(8) 卓球[テイブル テニス]

tableとtennisの間は一文字分あけます。

table tennis

(9) バドミントン[バドミントゥン]

badminton

(10) クリケット[ク**リ**ケット]

cricket

(11) ラグビー[**ラ**グビィ]

rugby

(12) 柔道[**ヂ**ュードウ]

play judoではなく
do judoと言うよ。

judo

② 声に出して読んだあと、文をなぞりましょう。

I can play soccer .

わたしは サッカー をすることができます。

ポイント

「〜(スポーツ)をすることができる」は〈can play＋スポーツ名〉が基本です。柔道や剣道のようにplayではなくdoを使うものもあります。

わたしはサッカーをすることができます。
[アイ キャン プレイ サ(ー)カァ]

I can play soccer.

教科書 📖 28〜35ページ

Unit 3
Can you play dodgeball?

Part 3

◎ 動作を表すことば

1 声に出しながら、文字をなぞって、1〜2回自分で書いてみましょう。

(1) 歌う[**スィング**]

sing _____

(2) 走る[**ラン**]

uは【ア】と読むよ。

run _____

(3) 跳ぶ[**ヂャンプ**]

jump _____

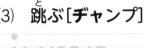

(4) 踊る[**ダンス**]

dance _____

(5) 泳ぐ[**スウィム**]

wi【ウィ】の部分を強く
読みます。

swim _____

(6) 食べる[**イート**]

eat _____

(7) 料理をする[**クック**]

cook _____

(8) 歩く[**ウォーク**]

walk

(9) 飛ぶ[**フ**ライ]

lyは【ライ】と読むよ。

fly

(10) つづる[スペル]

B-A-K...

spell

(11) 見る[**ルック**]

look

(12) 飲む[ドゥリンク]

drink

② 声に出して読んだあと、文をなぞりましょう。

I can't cook well.

わたしは上手に 料理をする ことができません。

ポイント

できないことを言うときは、can「～できる」に否定を表すnotをつけて、〈cannot＋動作を表すことば〉の形にします。cannotの短縮形のcan'tがよく使われます。

わたしは上手に料理をすることができません。
[**アイ キャント クック ウェル**]

I can't cook well.

教科書 28～35ページ

Unit 3
Can you play dodgeball?

1 楽器を表す絵と単語を線で結びましょう。　　　　1つ5点（20点）

●　　　　　●　　　　　●　　　　　●

●　　　　　●　　　　　●　　　　　●

piano　　　drum　　　recorder　　　violin

2 絵の動作を表す単語を下の▢▢▢から選んで＿＿＿に書きましょう。

1問10点（30点）

(1)

(2)

(3)

| swim | sing | jump | walk |

3 □□の中に、スポーツを表す英単語が3つかくれています。それらを見つけて、＿＿＿＿にそれぞれ書きましょう。

baseball	cook	March	soccer
English	shoes	dodgeball	math

＿＿＿＿＿＿＿＿＿＿＿＿＿＿＿　　＿＿＿＿＿＿＿＿＿＿＿＿＿＿＿

＿＿＿＿＿＿＿＿＿＿＿＿＿＿＿

4 男の子がスピーチをします。メモを参考に、スピーチを完成させましょう。

1問完答10点（20点）

〈メモ〉
(1)速く走ることができる。
(2)テニスを上手にすることができない。

Hello, everyone.

(1)

I ＿＿＿＿＿＿＿＿＿ fast.

(2)

I ＿＿＿＿＿ play ＿＿＿＿＿ well.

Thank you.

Unit 1 ～ Unit 3

⭐1 下の日本語をそれぞれ英語にして書いたとき、最初の文字がSまたはsではないものが2つかくれています。その2つの英単語を、＿＿＿にそれぞれ書きましょう。

1つ10点（20点）

5月	理科
靴 (くつ)	泳ぐ

スパゲッティ	8日	ステッカー

＿＿＿＿＿＿＿＿　＿＿＿＿＿＿＿＿

＿＿＿＿＿＿＿＿　＿＿＿＿＿＿＿＿

⭐2 質問の文と答えの文が合うように、それぞれ●と●を線で結びましょう。
(しつもん)

1つ10点（30点）

What subject do you like?	●	●	I want a hat.

What do you want for your birthday?	●	●	My birthday is February fourth.

When is your birthday?	●	●	I like Japanese.

⬇うらのページにつづくよ！

3 アオイについてのメモを見て、(1)～(3)のアオイの発言が、正しい場合は○を、正しくない場合は×を（　）に書きましょう。 1問10点（30点）

アオイ

〈アオイについてのメモ〉

好きな教科：音楽
誕生日：3月10日
上手にできること：料理

(1)　I like math.　　　　　　　　　　（　　　　）

(2)　My birthday is August tenth.　（　　　　）

(3)　I can cook well.　　　　　　　　（　　　　）

4 次のようなとき、それぞれ英語で何と言うのがいいですか。文を完成させましょう。文のはじめの文字は大文字で書きましょう。 1問完答10点（20点）

(1)　相手の名前のつづりを聞きたいとき。

_____ do you spell your _____ ?

(2)　ピアノをひけるかどうか聞きたいとき。

_____ you _____ the piano?

Unit 4
Who is this?

Part 1

◎ 家族・人を表すことば

1 声に出しながら、文字をなぞって、1〜2回自分で書いてみましょう。

(1) お父さん [**ファーザァ**]

father

(2) お母さん [**マザァ**]

mother

oは【ア】と読みます。

(3) お兄さん、弟 [**ブラザァ**]

brother

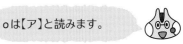
英語ではふつう、兄でも弟でもbrotherと言うよ。

(4) お姉さん、妹 [**スィスタァ**]

sister

姉でも妹でもsisterと言うよ。

(5) おじいさん [**グラン(ド)ファーザァ**]

grandfather

(6) おばあさん [**グラン(ド)マザァ**]

grandmother

(7) わたし、自分 [**ミー**]

me

教科書 📖 40〜47ページ

(8) 友達［フレンド］

friend

(9) クラスメート［クラスメイト］

mateは【メイト】と読みます。

classmate

2 声に出して読んだあと、文をなぞりましょう。

Who is this?
こちらはだれですか。
—This is Saki.
　　She is my classmate **.**
こちらはサキです。
彼女はわたしの クラスメート です。

ポイント

「～はだれですか」はWho is ～? と言います。
1人の女の人や女の子について言うときはsheを使います。その人が自分にとってどんな人かはShe is ～.と言いましょう。

(1) こちらはだれですか。［**フー イズ ズィス**］

Who is this?

(2) こちらはサキです。［**ズィス イズ サキ**］

This is Saki.

(3) 彼女はわたしのクラスメートです。［**シー イズ マイ クラスメイト**］

She is my classmate.

教科書 40～47ページ

<u>Unit 4</u>
Who is this?

Part 2

◎ 動作を表すことば

1 声に出しながら、文字をなぞって、1〜2回自分で書いてみましょう。

(1) 柔道をする [ドゥー ヂュードウ]

do judo

(2) 剣道をする [ドゥー ケンドウ]

do kendo

(3) 縄とびをする [ヂャンプ ロウプ]

uは【ア】と読むよ。

jump rope

(4) カレーを作る [クック カーリィ]

cook curry

(5) 速く走る [ラン ファスト]

run fast

(6) 上手に歌う [スィング ウェル]

sing well

(7) サッカーをする [プレイ サ(ー)カァ]

play soccer

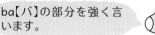

(8) バドミントンをする［プレイ バドミントゥン］

ba【バ】の部分を強く言います。

play badminton

(9) ピアノをひく［プレイ ザ ピアノウ］

play the piano

(10) ギターをひく［プレイ ザ ギター］

guitarはta【タ】の部分を強く言うよ。

play the guitar

② 声に出して読んだあと、文をなぞりましょう。

She can play the guitar .

彼女は ギターをひく ことができます。

ポイント

「彼女は〜できます」と言うときは、動作を表すことばを使ってShe can 〜.と言います。1人の男の人や男の子について言うときはheを使い、He can 〜.「彼は〜できます」と言います。

彼女はギターをひくことができます。［シー キャン プレイ ザ ギター］

She can play the guitar.

教科書 40〜47ページ

きほんの
ドリル
18

時間 15分　　月　　日

Unit 4
Who is this?

Part 3

◎ 様子・人を表すことば

❶ 声に出しながら、文字をなぞって、1〜2回自分で書いてみましょう。

(1) 活動的な [**ア**クティヴ]

active

(2) 勇敢な [ブ**レ**イヴ]

brave

aは【エイ】と読みます。

(3) 友好的な [フ**レ**ンドリィ]

friendly

(4) おかしい [**ファ**ニィ]

funny

uは【ア】と読むよ。

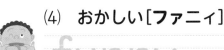
(5) やさしい [**ヂェ**ントゥル]

gentle

(6) 親切な [**カ**インド]

kind

iは【アイ】と読むよ。

(7) 強い [ストゥ**ロ**(ー)ング]

strong

(8) 利口な［スマート］

smart

(9) 内気な［シャイ］

shy

(10) おじさん［アンクル］

uncle

(11) おばさん［アント］

aunt

(12) いとこ［カズン］

ouは【ア】と読みます。

cousin

2 声に出して読んだあと、文をなぞりましょう。

She is my cousin .
かのじょ
彼女はわたしの いとこ です。

She is kind .
彼女は 親切 です。

ポイント
「彼女は～です」とその人と自分との関係や、その人の性格や様子について言うときは She is ～. と言います。

(1) 彼女はわたしのいとこです。［シー イズ マイ カズン］

She is my cousin.

(2) 彼女は親切です。［シー イズ カインド］

She is kind.

教科書 📖 40～47ページ

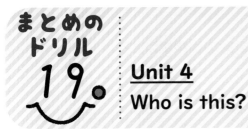

まとめの
ドリル
19。

時間 15分 | 合格 80点 / 100 | 月 日

答え 77ページ

Unit 4
Who is this?

1 家族を表す図を見て、それぞれの人を英語で何と言うか、書きましょう。

1問5点（20点）

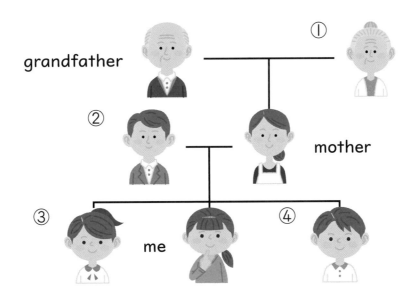

grandfather

①

②

③ me ④

mother

① _____ ② _____

③ _____ ④ _____

2 絵に合う動作を表す英語を線で結びましょう。

1つ5点（20点）

• • • •

• • • •

play soccer   jump rope   do judo   play the piano

⤵うらのページにつづくよ！

教科書 📖 40〜47ページ

3 それぞれの英文は、どの人物を説明していますか。線で結びましょう。

1つ10点（30点）

She is kind.	He is brave.	He is strong.
•	•	•

•	•	•

4 ケンはある人物について、紹介（しょうかい）します。紹介カードの内容（ないよう）に合うように、英文を完成させましょう。

1つ10点（30点）

〈紹介カード〉
ぼくの友達
・活動的
・テニスができる

サクラ

ケン

This is Sakura.

She is my _____ .

She is _____ .

She can _____ .

教科書 40〜47ページ

Unit 5
Let's go to the zoo.

◉ 動物を表すことば

1 声に出しながら、文字をなぞって、1〜2回自分で書いてみましょう。

日本語とは強く読む位置がちがうよ。

(1)　ライオン[**ライオン**]

lion

(2)　鳥[**バード**]

bird

(3)　サル[**マンキィ**]

monkey

(4)　ウマ[**ホース**]

horse

(5)　クマ[**ベア**]

bear

(6)　ウサギ[**ラビット**]

rabbit

最初のa【アー】の部分を強く読みましょう。

(7)　コアラ[**コウアーラ**]

koala

(8) トラ[**タイガァ**]

tiger

(9) ネズミ[**マウス**]

mouse

(10) パンダ[**パンダ**]

panda

(11) ゾウ[**エレファント**]

phaは【ファ】と読むよ。

elephant

2 声に出して読んだあと、文をなぞりましょう。

Where is the [lion]?

[ライオン]はどこにいますか。

— Go straight for two blocks.
2区画まっすぐに行ってください。

ポイント
「～はどこにいますか」はWhere
is ～?と言います。
答えるときは道順を説明しましょう。
直進の場合はgo straight「まっす
ぐに行く」と言います。

(1) ライオンはどこにいますか。[(フ)**ウェア イズ ザ ライオン**]

Where is the lion?

(2) 2区画まっすぐに行ってください。
[**ゴウ ストゥレイト フォー トゥー ブラ(ー)ックス**]

Go straight for two blocks.

教科書 50～59ページ

Unit 5
Let's go to the zoo.

時間 15分 ・ 月 ・ 日

Part 2

◎ 道案内を表すことば

1 声に出しながら、文字をなぞって、1〜2回自分で書いてみましょう。

(1) 一区画 [ブラ(ー)ック]

block

(2) 見える [スィー]

see

straight の gh は読みません。

(3) まっすぐに行く [ゴウ ストゥレイト]

go straight

(4) 右に曲がる [ターン ライト]

turn right

(5) 左に曲がる [ターン レフト]

turn left

(6) 角のところで [アット ザ コーナァ]

at the corner

(7) 左側に [ア(ー)ン ユア レフト]

on your left

41

教科書 50〜59ページ

(8) 右側に [**ア**(ー)ン **ユア** **ライト**]

on your right

(9) 上る [**ゴウ アップ**]

> upのuは【ア】と読むよ。

go up

2 声に出して読んだあと、文をなぞりましょう。

Where is the library?
図書館はどこにありますか。

— Turn right at the corner .

You can see it on your left .

角のところで右に曲がってください 。

左側に 見えます。

> **ポイント**
> 曲がるときはturnを使います。「右」はright、「左」はleftで表します。また、on your 〜で「(あなたの) 〜側に」と目的地を言うことができます。

(1) 図書館はどこにありますか。[(フ)**ウェア イズ ザ ライブレリィ**]

Where is the library?

(2) 角のところで右に曲がってください。[**ターン ライト アット ザ コーナァ**]

Turn right at the corner.

(3) 左側に見えます。[**ユー キャン スィー イット ア**(ー)ン **ユア レフト**]

You can see it on your left.

教科書 50〜59ページ

きほんの ドリル 22.

<u>Unit 5</u>

Let's go to the zoo.

時間 15分　　　　月　　日

Part 3

◉ しせつ・建物を表すことば

1 声に出しながら、文字をなぞって、1〜2回自分で書いてみましょう。

(1) 図書館、図書室 [**ライブレリィ**]

library

(2) 公園 [**パーク**]

park

(3) 博物館、美術館 [ミュ（ー）**ズィ**（ー）アム]

se【ズィ（ー）】の部分を強く読むよ。

museum

(4) 書店 [**ブックストー**ー]

bookstore

(5) レストラン [**レストラ**ント]

restaurant

(6) 病院 [**ハ**（ー）スピトゥル]

hospital

(7) スタジアム [**ステ**イディアム]

stadium

教科書 📖 50〜59ページ

43

(8) 動物園 [**ズー**]

zoo

(9) スーパーマーケット [**スーパマーケット**]

supermarket

(10) 生花店 [**フラウア シャ（ー）ップ**]

【フラワー】ではなく【フラウア】と読みます。

flower shop

(11) 駅 [**ステイション**]

aは【エイ】と読むよ。

station

2 声に出して読んだあと、文をなぞりましょう。

What do you have in your town?
あなたの町には何がありますか。
— **We have a nice** restaurant **.**
すてきな レストラン があります。

ポイント
「町に何がありますか」は「（あなたは）町に何を持っていますか」というたずね方をします。答えるときはWe have ～.「わたしたちは～を持っています」という言い方をします。「～があります」という意味です。

(1) あなたの町には何がありますか。
[**(フ)ワット ドゥ ユー ハヴ イン ユア タウン**]

What do you have in your town?

(2) すてきなレストランがあります。[**ウィー ハヴ ア ナイス レストラント**]

We have a nice restaurant.

教科書 50〜59ページ

まとめの
ドリル
23

時間 15分 | 合格 80点 | /100 | 月　日

サクッと
こたえ
あわせ

答え 77ページ

Unit 5
Let's go to the zoo.

1 ヒントの絵を見ながら、空いているところに文字を入れ、パズルを完成させましょう。

1問10点（40点）

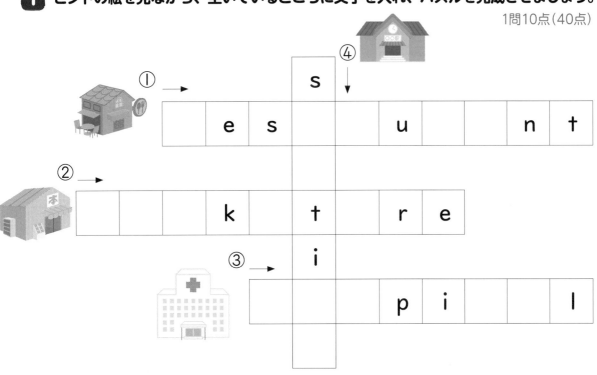

2 □□□□の中に書いてあるのは、ジェシカが好きな動物です。しかし動物園で見られるのは、下にある4種類の動物だけです。動物園で見られない動物は何ですか。

に、英語で2つ書きましょう。

1つ10点（20点）

〈好きな動物〉

| ウサギ | パンダ | コアラ | ゾウ | クマ | ライオン |

〈動物園で見られる動物〉

⬇うらのページにつづくよ！

教科書 📖 50〜59ページ

3 アキの質問に対する答えの文を [___] の中から1つ選んで、記号で答えましょう。

(10点)

アキ

What do you have in your town?

ア	We have a nice museum.
イ	This is Lucas.
ウ	I like math.

(　　　　)

4 男の子が★の位置にいて、あなたに道をたずねています。男の子に道案内する文を完成させましょう。

1つ10点（30点）

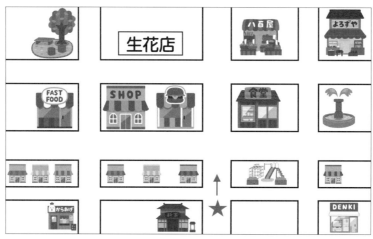

生花店

FAST FOOD

SHOP

食堂

からあげ

DENKI

Where is the flower shop?

Go straight for two _____ .

Turn _____ .

You can see it on your _____ .

Unit 6
At a restaurant.

Part 1

◉ 食べ物・飲み物を表すことば

1 声に出しながら、文字をなぞって、1～2回自分で書いてみましょう。

(1) ピザ[ピーツァ]

zを2つ続けて書くよ。

pizza

(2) カレーライス[カーリィ アンド ライス]

curry and rice

(3) 牛丼[ビーフ ボウル]

owは【オウ】と発音するんだ。

beef bowl

(4) ステーキ[ステイク]

eaは【エイ】と発音します。

steak

(5) 焼きそば[フライド ヌードゥルズ]

fried noodles

(6) ハンバーガー[ハンバーガァ]

hamburger

(7) サラダ[サラッド]

salad

教科書 📖 62～69ページ

(8) ドーナツ[ドゥナット]

donut

(9) コーンスープ[コーン スープ]

ouは【ウー】と読むよ。

corn soup

(10) ジュース[ヂュース]

juice

(11) 紅茶[ティー]

tea

2 声に出して読んだあと、文をなぞりましょう。

What would you like?
何になさいますか。
— I'd like a hamburger and juice .
わたしは ハンバーガー と ジュース がほしい
のですが。

ポイント
ていねいに注文をたずねるとき
はWhat would you like?と言
います。料理を注文するときは
I'd like 〜.と言います。「〜」に
は注文したい料理を表すことば
が入ります。

(1) 何になさいますか。[(フ)ワット ウッド ユー ライク]

What would you like?

(2) わたしはハンバーガーとジュースがほしいのですが。
[アイド ライク ア ハンバーガァ アンド ヂュース]

I'd like a hamburger and juice.

教科書 62〜69ページ

Unit 6
At a restaurant.

Part 2

◎ 数を表すことば

❶ 声に出しながら、文字をなぞって、1〜2回自分で書いてみましょう。

1
(1)　1［**ワン**］

one

3
(2)　3［**スリー**］

three

8
(3)　8［**エイト**］

ghは発音しません。

eight

30
(4)　30［**サーティ**］

20から90までの10の倍数にはtyがつくんだ。

thirty

40
(5)　40［**フォーティ**］

forty

50
(6)　50［**フィフティ**］

fifty

90
(7)　90［**ナインティ**］

ninety

(8) 200 [**トゥー ハンドゥレッド**]

200 two hundred

(9) 520 [**ファイヴ ハンドゥレッド アンド トゥウェンティ**]

520 five hundred and twenty

(10) 760 [**セヴン ハンドゥレッド アンド スィクスティ**]

760 seven hundred and sixty

2 声に出して読んだあと、文をなぞりましょう。

How much is the cake?
そのケーキはいくらですか。
— It's [240] yen.
それは [240] 円です。

ポイント
「～はいくらですか」と値段をたずねるときは How much is ～?と言います。〈It's＋金額＋yen.〉「～円です」と答えましょう。

(1) そのケーキはいくらですか。[**ハウ マッチ イズ ザ ケイク**]

How much is the cake?

(2) それは240円です。
[**イッツ トゥー ハンドゥレッド アンド フォーティ イェン**]

It's 240 yen.

教科書 62～69ページ

Unit 6
At a restaurant.

Part 3

◎ 味などを表すことば

1 声に出しながら、文字をなぞって、1〜2回自分で書いてみましょう。

(1) 苦い[**ビタ**ァ]

bitter

(2) あまい[ス**ウィ**ート]

sweet

(3) 塩からい[**ソ**ールティ]

salty

saltは「塩」という意味です。

(4) すっぱい[**サ**ウア]

sour

(5) からい、ぴりっとした[ス**パ**イスィ]

spicy

(6) とてもおいしい[ディ**リ**シャス]

delicious

(7) やわらかい[**ソ**(ー)フト]

soft

教科書 62〜69ページ

⑻ かたい[ハード]

hard

⑼ 冷たい[コウルド]

【コールド】ではなく、
【コウルド】と発音するよ。

cold

⑽ 熱い[ハ(ー)ット]

hot

⑾ おいしい[グッド]

good

❷ 声に出して読んだあと、文をなぞりましょう。

Nagasaki *champon* **is** good .

長崎ちゃんぽんは おいしい です。

ポイント

料理の味は〈～(料理名) is＋味などを表すことば.〉で言うことができます。英語になっていない日本の料理はローマ字にします。

長崎ちゃんぽんはおいしいです。[ナガサキ チャンポン イズ グッド]

Nagasaki champon is good.

教科書 📖 62〜69ページ

1 食べ物を表すことばを通ってスタートからゴールまで、線を書きましょう。（10点）

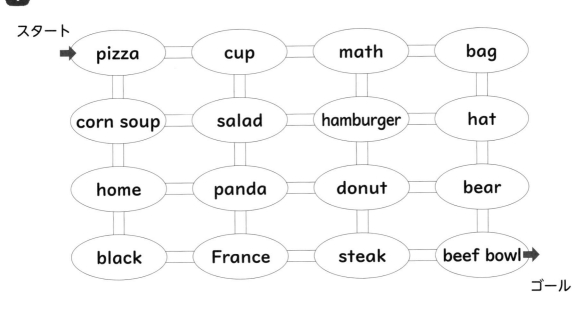

スタート

| pizza | cup | math | bag |

| corn soup | salad | hamburger | hat |

| home | panda | donut | bear |

| black | France | steak | beef bowl |

ゴール

2 それぞれの食べ物と味などを、線で結びましょう。　　1つ10点（30点）

It's sweet. 　　It's sour. 　　It's hot.

↓うらのページにつづくよ！

53

3 次の英語を例にならって、数字で書きましょう。　　1問10点（40点）

㊀　ten　　　　　　　　　　　　　（　　10　　）

(1)　seventy　　　　　　　　　　　（　　　　　）

(2)　three hundred and fifty　　　（　　　　　）

(3)　eight hundred and thirty　　　（　　　　　）

(4)　nine hundred and fifty　　　　（　　　　　）

4 次の絵の中のそれぞれの人物のセリフを完成させましょう。文のはじめの文字は大文字で書きましょう。　　1問10点（20点）

(1)　何に
　　　なさいますか。

(2)　ジュースは
　　　いくらですか。

(1)

　　　　　　　　　　　　　　　　　　　　you like?

(2)

　　　　　　　　　　　　　　　　　　　is the juice?

教科書 📖 62〜69ページ

冬休みの
ホームテスト
28。

時間 15分 | 合格 80点 | /100 | 月 日

サクッと
こたえ
あわせ
答え 78ページ

Unit 4 ～ Unit 6

1 〈ユウジが上手にできること〉を見て、ア～エの英文の中から、ユウジについて正しいことを言っているものを2つ選び、記号で答えましょう。　1つ10点(20点)

ユウジ

〈ユウジが上手にできること〉

- 泳ぐこと
- 踊（おど）ること
- 料理をすること

ア　He can sing well.　　　　イ　He can dance well.

ウ　He can jump rope well.　　エ　He can swim well.

（　　　　）（　　　　）

2 次のようなとき、それぞれ英語で何と言うのがいいですか。文を完成させましょう。文のはじめの文字は大文字で書きましょう。　1問完答15点(30点)

(1)　駅の場所を聞きたいとき。

_____ is the _____ ?

(2)　相手の町に何があるか聞きたいとき。

_____ do you _____ in your town?

↓うらのページにつづくよ！

3 下の日本語をそれぞれ英語にして書いたとき、最後の文字がeではないものが2つ
かくれています。その2つの英単語を、＿＿＿にそれぞれ書きましょう。

1つ10点（20点）

おじさん	すっぱい

クラスメート	ジュース

病院	3	活動的な

＿＿＿＿＿＿＿＿＿＿　　＿＿＿＿＿＿＿＿＿＿

＿＿＿＿＿＿＿＿＿＿　　＿＿＿＿＿＿＿＿＿＿

4 レストランのウェイターが、注文をとりにきました。次のものを注文したいとき、
それぞれ何と言うのがいいですか。それぞれの文を完成させましょう。

1問15点（30点）

What would you like?

(1) ピザ

I'd like

(2) カレーライス

I'd

きほんの
ドリル
29.

Unit 7
Welcome to Japan!

Part 1

時間 15分

月　　日

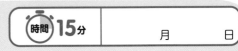

◎ 都道府県を表すことば

1 声に出しながら、文字をなぞって、1〜2回自分で書いてみましょう。

(1) 北海道［ホッカイドウ］

kを2つ続けて書くよ。

Hokkaido

(2) 宮城［ミヤギ］

Miyagi

(3) 群馬［グンマ］

Gunma

(4) 東京［トウキョウ］

Tokyo

(5) 山梨［ヤマナシ］

ローマ字のシはshiだよ。

Yamanashi

(6) 岐阜［ギフ］

Gifu

(7) 滋賀［シガ］

Shiga

教科書 74〜81ページ

(8) 大阪[オオサカ]
おおさか

Osaka

(9) 岡山[オカヤマ]
おかやま

Okayama

(10) 福岡[フクオカ]
ふくおか

ローマ字のフはfuだよ。

Fukuoka

(11) 沖縄[オキナワ]
おきなわ

Okinawa

② 声に出して読んだあと、文をなぞりましょう。

Where do you want to go in Japan?
あなたは日本でどこに行きたいですか。
— I want to go to Shiga .
わたしは滋賀に行きたいです。

ポイント
行きたい場所をたずねるときは Where do you want to go? と言います。I want to go to ～.で答えましょう。「～」には地名が入ります。地名はいつも大文字で書き始めます。

(1) あなたは日本でどこに行きたいですか。
[(フ)**ウェア** ドゥ **ユー ワ**(ー)**ント トゥー ゴウ** イン **ヂャパン**]

Where do you want to go in Japan?

(2) わたしは滋賀に行きたいです。[**アイ ワ**(ー)**ント トゥー ゴウ トゥー** シガ]

I want to go to Shiga.

Unit 7
Welcome to Japan!

Part 2

◉ 動作を表すことば

1 声に出しながら、文字をなぞって、1〜2回自分で書いてみましょう。

(1) 富士山を見る［スィー マウント フジ］

see Mt. Fuji

(2) シャツを買う［バイ ア シャート］

【バ】はbuと書くんだ。

buy a shirt

(3) 牛肉を食べる［イート ビーフ］

eaは【イー】と発音します。

eat beef

(4) レストランに行く［ゴウ トゥー ア レストラント］

go to a restaurant

(5) キャンプを楽しむ［インヂョイ キャンピング］

jo【ヂョ】を強く読むよ。

enjoy camping

(6) バスケットボールの試合を見る
　　［ワ（ー）ッチ ア バスケットボール ゲイム］

watch a basketball game

教科書 74〜81ページ

(7) ハイキングに行く[ゴウ ハイキング]

go hiking

(8) 魚つりに行く[ゴウ フィッシング]

go fishing

(9) 風呂に入る[テイク ア バス]

th【ス】の発音に注意しましょう。

take a bath

2 声に出して読んだあと、文をなぞりましょう。

Why do you want to go to Shiga?
あなたはなぜ滋賀に行きたいのですか。
— **I want to** go to Lake Biwa.
わたしは 琵琶湖に行き たいのです。

> **ポイント**
> 「なぜ〜に行きたいのですか」と理由をたずねるときはWhy do you want to go to 〜?と言います。理由はI want to 〜.「〜したいのです」と答えましょう。

(1) あなたはなぜ滋賀に行きたいのですか。
[(フ)ワイ ドゥ ユー ワ(ー)ント トゥー ゴウ トゥー シガ]

Why do you want to go to Shiga?

(2) わたしは琵琶湖に行きたいのです。
[アイ ワ(ー)ント トゥー ゴウ トゥー レイク ビワ]

I want to go to Lake Biwa.

Unit 7
Welcome to Japan!

時間 15分　　月　　日

Part 3

◉ 様子を表すことば

1 声に出しながら、文字をなぞって、1〜2回自分で書いてみましょう。

(1)　良い[**グッド**]

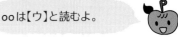
ooは【ウ】と読むよ。

good

(2)　すてきな[**ナイス**]

iは【アイ】と読みます。

nice

(3)　すばらしい、おどろくべき[**ワンダフル**]

wonderful

(4)　美しい[**ビューティフル**]

beautiful

(5)　かっこいい[**クール**]

cool

(6)　すばらしい、すごい[**グレイト**]

great

(7)　色あざやかな[**カラフル**]

colorful

教科書 74〜81ページ

(8) おもしろい[**イン**タレスティング]

最初のi【イ】の部分を強く言うんだ。

interesting

(9) わくわくさせる[イク**サ**イティング]

ci【サイ】の【サ】の部分を強く言うよ。

exciting

2 声に出して読んだあと、文をなぞりましょう。

What do you want to do in Lake Biwa?
あなたは琵琶湖で何をしたいですか。
— I want to go fishing.
It's exciting .
わたしは魚つりに行きたいです。
それはわくわくします。

ポイント

「何をしたいですか」とたずねるときはWhat do you want to do?と言います。I want to ～.「～したいです」と答えましょう。It's ～.で「それは～です」と様子を答えることができます。

(1) あなたは琵琶湖で何をしたいですか。
[(フ)**ワット** ドゥ **ユー ワ**(ー)ント **トゥー** ドゥー イン レイク ビワ]

What do you want to do in

Lake Biwa?

(2) わたしは魚つりに行きたいです。
[**アイ ワ**(ー)ント **トゥー ゴウ フィッシ**ング]

I want to go fishing.

(3) それはわくわくします。[**イッツ イク サ**イティング]

It's exciting.

教科書 **74～81ページ**

まとめの ドリル 32.

Unit 7
Welcome to Japan!

時間 15分 ｜ 合格 80点 ｜ ／100

月 日

サクッと こたえ あわせ
答え 79ページ

1 それぞれの都道府県名を完成させましょう。 1問5点(20点)

(1) 東京
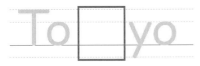
To◻yo

(2) 滋賀（しが）

Shi◻a

(3) 群馬（ぐんま）

Gun◻a

(4) 福岡（ふくおか）

◻ukuoka

2 絵を参考にして、「わたしは〜したいです」の文を完成させましょう。

1問10点(30点)

(1)

I want to go

(2)

I want to go

(3)
I want to

教科書 74〜81ページ

↓うらのページにつづくよ!

3 3人の人物が、あなたが旅先でとった写真を見て感想を言っています。それぞれの感想を完成させましょう。英語は□□□の中から選んで書きましょう。

1問10点(30点)

(1) すごいね！

It's _____ !

(2) 美しい！

It's _____ !

(3) 色あざやかだね！

It's _____ !

beautiful	colorful	great

4 次のように質問したいとき、それぞれ英語で何と言うのがいいですか。文を完成させましょう。文のはじめの文字は大文字で書きましょう。　1問完答10点(20点)

(1) なぜ大阪に行きたいか質問したいとき。

_____ do you want to

Osaka?

(2) 大阪で何をしたいか質問したいとき。

_____ do you want to

in Osaka?

教科書 74〜81ページ

Unit 8
Who is your hero?

時間 15分　　月　　日

Part 1

◉ 職業を表すことば

1 声に出しながら、文字をなぞって、1〜2回自分で書いてみましょう。

(1) コック[**クッ**ク]

【コック】ではなく【クック】と発音します。

cook

(2) ピアニスト[ピア二スト]

pianist

(3) パン焼き職人[**ベイ**カァ]

baker

ea は【イー】と発音するよ。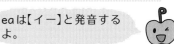

(4) 先生[**ティー**チャ]

teacher

(5) ゴルファー[**ゴー**ルファ]

golfer

(6) 科学者[**サイ**エンティスト]

scientist

(7) プログラマー[プ**ロ**ウグラマァ]

programmer

教科書 📖 84〜91ページ

(8) バスケットボール選手［バスケットボール プレイア］

basketball player

(9) 警察官［ポリース ア（ー）フィサァ］

policeはli［リー］の部分を強く読むよ。

police officer

② 声に出して読んだあと、文をなぞりましょう。

Who is your hero?
あなたのヒーローはだれですか。
— **My hero is Matsuyama Hideki.**
  He is a golfer .
  わたしのヒーローは松山英樹です。
  彼はゴルファーです。

ポイント
「あなたのヒーローはだれですか」とたずねるときはWho is your hero?と言います。My hero is 〜.「わたしのヒーローは〜です」と答えましょう。その人の職業はHe[She] isのあとに続けます。

(1) あなたのヒーローはだれですか。［フー イズ ユア ヒーロウ］

Who is your hero?

(2) わたしのヒーローは松山英樹です。［マイ ヒーロウ イズ マツヤマ ヒデキ］

My hero is Matsuyama Hideki.

(3) 彼はゴルファーです。［ヒー イズ ア ゴールファ］

He is a golfer.

教科書 84〜91ページ

Unit 8
Who is your hero?

Part 2

◉ 得意なことを表すことば

1 声に出しながら、文字をなぞって、1〜2回自分で書いてみましょう。

(1)　水泳［スウィミング］

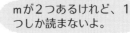 mが2つあるけれど、1つしか読まないよ。

 swimming

(2)　料理［クッキング］

 cooking

(3)　魚つり［フィッシング］

 fishing

(4)　ランニング、走ること［ラニング］

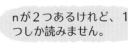 nが2つあるけれど、1つしか読みません。

 running

(5)　歌うこと［スィンギング］

 singing

(6)　ダンス、踊ること［ダンスィング］

 dancing

(7)　スケート［スケイティング］

 skating

教科書 📖 84〜91ページ

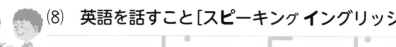

(8) 英語を話すこと[スピーキング イングリッシ]

speaking English

(9) ピアノをひくこと[プレイング ザ ピアノウ]

playing the piano

2 声に出して読んだあと、文をなぞりましょう。

Why is he your hero?
なぜ彼はあなたのヒーローなのですか。
— **He is good at** playing the piano .
彼は ピアノをひくこと が得意なのです。

> **ポイント**
> 「なぜ彼[彼女]は〜ですか」と理由をたずねるときは、Why is he[she] 〜?と言います。男性のときはhe、女性のときはsheを使います。

(1) なぜ彼はあなたのヒーローなのですか。
[(フ)ワイ イズ ヒー ユア ヒーロウ]

Why is he your hero?

(2) 彼はピアノをひくことが得意なのです。
[ヒー イズ グッド アット プレイング ザ ピアノウ]

He is good at playing the piano.

教科書 84〜91ページ

Unit 8

Part 3

Who is your hero?

◎ 職業を表すことば

① 声に出しながら、文字をなぞって、1～2回自分で書いてみましょう。

 (1) 獣医［ヴェット］

vet

 (2) 医者［ダ（ー）クタァ］

doctor

 (3) パイロット［パイロット］

pilot

 (4) 芸術家［アーティスト］

artist

 ooは【ウー】と読みます。
eeは【イー】と読みます。

 (5) 動物園の飼育員［ズーキーパァ］

zookeeper

 (6) 歌手［スィンガァ］

singer

 (7) 歯医者［デンティスト］

dentist

教科書 84～91ページ

(8) 看護師[ナース]

urは【アー】と読むんだ。

nurse

(9) 農場主[ファーマァ]

farmer

(10) 消防士[ファイア ファイタァ]

fighterのghは発音しないよ。

fire fighter

(11) 宇宙飛行士[アストゥロノート]

astronaut

2 声に出して読んだあと、文をなぞりましょう。

I have a question.
わたしは質問があります。

Is he a pianist ?
彼はピアニストですか。

ポイント
「質問がある」はhave a question
と言います。「彼[彼女]は〜です
か」と職業をたずねる質問はIs
he[she]〜?と言います。「〜」には
職業を表すことばが入ります。

(1) わたしは質問があります。[アイ ハヴ ア クウェスチョン]

I have a question.

(2) 彼はピアニストですか。[イズ ヒー ア ピアニスト]

Is he a pianist?

教科書 84〜91ページ

まとめの ドリル 36

Unit 8
Who is your hero?

時間 **15**分 ｜ 合格 **80**点 ｜ ／**100**

月　　日

サクッと こたえ あわせ

答え **79** ページ

1 絵に合う動作を表す語を線で結びましょう。　　　　　　　1つ5点（20点）

・　　　　・　　　　・　　　　・

・　　　　・　　　　・　　　　・

singing　　swimming　　cooking　　skating

2 下の単語の中の1・2・3は、同じアルファベットを表しています。ヒントをたよりにして、絵に合う単語を書きましょう。　　　　　　　1問5点（20点）

ヒント

(1)　　d1ct1r

(2)　　p2l1t

(3)　　d3nt2st

(4)　　sc23nt2st

↓ うらのページにつづくよ！

教科書 📖 84～91ページ

3 それぞれの英文は、どの人物を説明していますか。線で結びましょう。

1つ10点（30点）

She is good at running.	He is good at playing the piano.	She is good at speaking English.
•	•	•

•	•	•

4 ガブリエルは自分のヒーローについて、スピーチをします。〈メモ〉の内容に合うように、スピーチ文を完成させましょう。

1つ10点（30点）

ガブリエル

〈メモ〉
わたしのお姉さん
・職業は先生
・ダンスが得意

Hi, everyone.

My hero is my　　　　　　　．

She is a　　　　　　　．

She is good at　　　　　　　．

Thank you.

教科書 📖 84〜91ページ

学年末の
ホームテスト
37。

Unit 7 ～ Unit 8

時間 15分 | 合格 80点 | /100

月　日

サクッと
こたえ
あわせ
答え 80ページ

⭐1 絵に合う英語になるように、＿＿＿＿に単語を書きましょう。　1問5点（10点）

(1) turn ＿＿＿＿＿＿＿＿

(2) ＿＿＿＿＿＿＿ to a hospital

⭐2 それぞれの質問の答えに合う絵を選び、記号を〇で囲みましょう。　1問10点（30点）

(1) What subject do you like?　— I like music.

ア

イ

ウ

(2) How much is the salad?　— It's three hundred and eighty yen.

180円
ア

320円
イ

380円
ウ

(3) What do you want for your birthday?　— I want a bike.

ア

イ

ウ

↓うらのページにつづくよ！

3 絵に合う英文を線で結びましょう。 1つ10点（30点）

 ・　　　　　・ I want to go fishing.

 ・　　　　　・ I can do kendo well.

 ・　　　　　・ My birthday is May 5th.

4 サトミは姉のユカの紹介（しょうかい）カードを作成しました。サトミになったつもりで、ユカを紹介する英文を完成させましょう。 1つ10点（30点）

〈紹介カード〉

ユカ

・わたしとの関係：姉
・職業（しょくぎょう）：看護師（かんごし）
・料理が得意（とくい）

サトミ

This is my 　　　　　　　　, Yuka.

She is a 　　　　　　　　.

She is 　　　　　　　　　　.

●ドリルやテストが終わったら、うしろの「がんばり表」に色をぬりましょう。
●まちがえたら、かならずやり直しましょう。「考え方」も読み直しましょう。

6. Hello, friends!　11〜12ページ

1

(1) Lucas　(2) Daichi

(3) Sophia　(4) Gabrielle

2

(1) ウ　(2) オ　(3) イ

3

(1) Do , math

(2) Yes , do

(3) No , don't

4

soup　sandwich

考え方

2 質問文は「あなたは何の教科が好きですか」という意味です。

3 (1)「〜が好きですか」という質問は、Do you like 〜?で表します。

(2) Do you like 〜?の質問に「はい、好きです」と答えるときはYes, I do.と言います。

(3) Do you like 〜?の質問に「いいえ、好きではありません」と答えるときはNo, I don't.と言います。don'tはdo notの短縮形（短くした言い方）です。

4 6つの単語の中で、eをふくまないものはスープ(soup)とサンドイッチ(sandwich)です。ほかは、ご飯(rice)、パン(bread)、ソーセージ(sausage)、パイ(pie)で、すべてeをふくみます。

10. Happy birthday!　19〜20ページ

1

Risa → Sakura

→ Lucas

2

shoes tablet ticket

3

(1) My , fifth

(2) I , bike

(3) It's , Day

4

(1) ウ　(2) ア

考え方

1 誕生日はそれぞれ、Risa→4月12日、Sakura→7月9日、Lucas→12月3日です。

2 7つの単語の中で、身の回りのものを表す英単語は、shoes(靴)、tablet(タブレット)、ticket(チケット)です。ほかは、second(2日)、March(3月)、June(6月)、fifth(5日)で、身の回りのものを表す英単語ではありません。

4 (1)「あなたの誕生日はいつですか」という質問です。「わたしの誕生日は10月1日です」と答えているウを選びます。

(2)「あなたはあなたの誕生日に何がほしいですか」という質問です。「わたしは新しいTシャツがほしいです」と答えているアを選びます。

14. Can you play dodgeball? 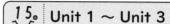 27~28ページ

1
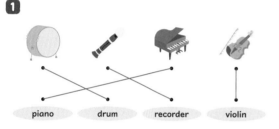
piano　drum　recorder　violin

2
(1) ___walk___　(2) ___sing___

(3) ___swim___

3
___baseball___　___soccer___

___dodgeball___

4
(1) ___can run___

(2) ___can't___ , ___tennis___

---

3 8つの単語の中で、スポーツを表す英単語は、baseball(野球)、soccer(サッカー)、dodgeball(ドッジボール)です。

4 「わたしは速く走ることができます」という文と「わたしはテニスを上手にすることができません」という文にします。それぞれcan、can'tを使って表します。

15. Unit 1 ～ Unit 3 29~30ページ

1
___May___　___eighth___

2
What subject do you like?		I want a hat.
What do you want for your birthday?		My birthday is February fourth.
When is your birthday?		I like Japanese.

3
(1) ×　(2) ×　(3) ○

4
(1) ___How___ , ___name___

(2) ___Can___ , ___play___

2 What subject do you like? は「あなたは何の教科が好きですか」という意味です。I like~.「わたしは～が好きです」と答えます。

What do you want for your birthday? は「あなたはあなたの誕生日に何がほしいですか」という意味です。I want ～.

「わたしは～がほしいです」と答えます。
When is your birthday? は「あなたの
誕生日（たんじょうび）はいつですか」という意味です。
My birthday is ～. 「わたしの誕生日は
～です」と答えます。

19. Who is this?
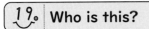

37～38ページ

1

① grandmother

② father

③ sister　④ brother

2

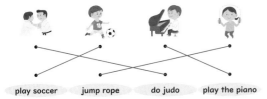

play soccer　jump rope　do judo　play the piano

3

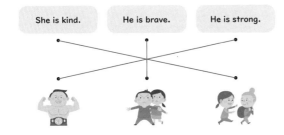

She is kind.　He is brave.　He is strong.

4

friend

active

play tennis

考え方

2 playはplay soccerのように、あとにスポーツ名を続けて「（スポーツ）をする」、

---

play the pianoのように、あとに〈the＋
楽器名〉を続けて「（楽器）を演奏（えんそう）する」と
いう意味を表します。ただし、「柔道（じゅうどう）を
する」はplay judoとは言わず、do judo
と言います。

3 She is kind. は「彼女（かのじょ）は親切です」、He is
brave. は「彼（かれ）は勇敢（ゆうかん）です」、He is strong.
は「彼は強いです」という意味です。それぞ
れにあてはまる絵を選びましょう。

23. Let's go to the zoo.

45～46ページ

1

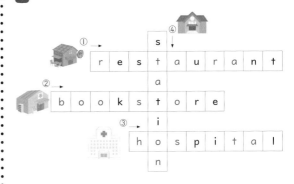

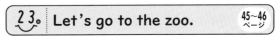

| ① r e s t a u r a n t |
| b o o k s t o r e |
| h o s p i t a l |

【解答】①restaurant　②bookstore
　　　③hospital　④station

2

panda　koala

3

ア

4

blocks

left

right

考え方

2 6種類いる好きな動物の中で、動物園で見られないのはパンダとコアラです。

3 町にあるものについて聞かれています。「あなたの町には何がありますか」という質問なので、We have ～. 「～があります」と答えている文を選びます。

4 生花店の場所を聞かれています。2区画進んで左に曲がると、右側に見えます。

27。 At a restaurant.
53〜54ページ

1
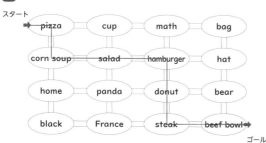

2
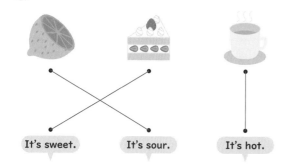

3
(1) 70　(2) 350　(3) 830

(4) 950

4
(1) **What would**
(2) **How much**

考え方

2 レモンは「すっぱい」のでsour、ケーキは「あまい」のでsweet、ホットコーヒーは「熱い」のでhotで表します。

3 20、30、40、50、60、70、80、90を表す語の最後にはtyがつきます。3けたの数は、～ hundred and … の形で表します。

4 (1)「何～」とたずねるときはWhatで文を始めます。What would you like? は「何になさいますか」と相手にていねいにたずねる言い方です。

(2)「～はいくらですか」は How much is ～? で表します。

28。 Unit 4 〜 Unit 6
55〜56ページ

1

イ、エ

2

(1) **Where** , **station**
(2) **What** , **have**

3

sour　　**hospital**

4

(1) **pizza**
(2) **like curry and rice**

考え方

2 (1)「～はどこにありますか」という質問は Where is ～? で表します。

(2)「町に何がありますか」という質問は「(あ

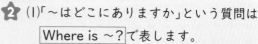

78

なたは)町に何を持っていますか」と
考えて、 What do you have in your
town? で表すことができます。

⭐3 7つの単語の中で、最後の文字がeでない
のは、すっぱい(sour)と病院(hospital)
です。ほかは、おじさん(uncle)、クラ
スメート(classmate)、ジュース(juice)、
3(three)、活動的な(active)で、すべて
最後の文字がeです。

⭐4 注文で「わたしは〜がほしいのですが」と
言うときは I'd like 〜. で表します。

32. Welcome to Japan!
63〜64
ページ

❶

(1) <u>Tokyo</u> (2) <u>Shiga</u>

(3) <u>Gunma</u> (4) <u>Fukuoka</u>

❷

(1) <u>fishing</u> (2) <u>hiking</u>

(3) <u>take a bath</u>

❸

(1) <u>great</u>

(2) <u>beautiful</u>

(3) <u>colorful</u>

❹

(1) <u>Why</u> , <u>go to</u>

(2) <u>What</u> , <u>do</u>

考え方

❶ 日本語の地名はローマ字で表します。最
初の文字は必ず大文字にします。

❷ (1)魚つりをしている絵なので、「わたし
は魚つりに行きたいです」という文に
します。

(2)ハイキングをしている絵なので、「わ
たしはハイキングに行きたいです」と
いう文にします。

(3)風呂(ふろ)に入っている絵なので、「わたし
は風呂に入りたいです」という文にし
ます。

❹ (1)「なぜ〜ですか」という文はWhyで始め
ます。「〜に行く」はgo to 〜で表します。

(2)「何を〜ですか」という文はWhatで始
めます。「する」はdoで表します。

36. Who is your hero?
71〜72
ページ

❶

singing　swimming　cooking　skating

❷

(1) <u>doctor</u> (2) <u>pilot</u>

(3) <u>dentist</u>

(4) <u>scientist</u>

❸

She is good at running.　　He is good at playing the piano.　　She is good at speaking English.

❹

__sister__

__teacher__

__dancing__

考え方

❷ ヒントの数字の1はアルファベットのo、数字の2はアルファベットのi、数字の3はアルファベットのeを表しています。

❹ 〈メモ〉に「わたしのお姉さん」とあるので、1文目は「わたしのヒーローはわたしのお姉さんです」という文にします。
「職業<ruby>職業<rt>しょくぎょう</rt></ruby>は先生」とあるので、2文目は「彼女<ruby>彼<rt>かの</rt>女<rt>じょ</rt></ruby>は先生です」という文にします。
「ダンスが得意<ruby>得<rt>とく</rt>意<rt>い</rt></ruby>」とあるので、3文目は「彼女はダンスが得意です」という文にします。is good atのあとに「踊<ruby>踊<rt>おど</rt></ruby>ること」という意味のdancingを入れます。

---

37. Unit 7 ～ Unit 8　73～74ページ

⭐❶

(1) __left__　(2) __go__

⭐❷

(1) ウ　(2) ウ　(3) イ

⭐❸

　——————　I want to go fishing.

　I can do kendo well.

　My birthday is May 5th.

---

❹

__sister__

__nurse__

__good at cooking__

考え方

❷ (1)「あなたは何の教科が好きですか」「わたしは音楽が好きです」

(2)「サラダはいくらですか」「380円です」

(3)「あなたはあなたの誕生日<ruby>誕<rt>たん</rt>生<rt>じょう</rt>日<rt>び</rt></ruby>に何がほしいですか」「わたしは自転車がほしいです」

❹ 〈紹介<ruby>紹<rt>しょう</rt>介<rt>かい</rt></ruby>カード〉に、「わたしとの関係：姉」とあるので、1文目は「こちらはわたしの姉のユカです」という文にします。
「職業：看護師<ruby>看<rt>かん</rt>護<rt>ご</rt>師<rt>し</rt></ruby>」とあるので、2文目は「彼女は看護師です」という文にします。
「料理が得意」とあるので、3文目は「彼女は料理が得意です」という文にします。